Arbeitsheft zur Geschichte von „Benjamin & Julius“

Erarbeitet von Sarah Lieke, Natascha Krützfeld,
Dietmar Lakemann und Simone Gellrich

Dieses Arbeitsheft gehört:

____

Calwer Verlag Stuttgart

Bibliografische Information der Deutschen Bibliothek

Die Deutsche Bibliothek verzeichnet diese Publikation in der Deutschen Nationalbibliografie; detaillierte bibliografische Daten sind im Internet über *https://www.dnb.de* abrufbar.

ISBN 978-3-7668-4578-8

Die Arbeitsblätter wurden in Zusammenarbeit der evangelischen und katholischen Fachberater:innen Sarah Lieke, Natascha Krützfeld, Dietmar Lakemann und Simone Gellrich erstellt.

Illustrationen: Anna Milow, Angelica Guckes
Satz und Herstellung: Karin Class, Calwer Verlag
Umschlaggestaltung: Karin Sauerbier, Stuttgart
Druck und Verarbeitung: ONLINE**PRINTERS**

Internet: *www.calwer.com*
E-Mail: info@calwer.com

Inhalt

Liebe Schülerin! Lieber Schüler!

Das sind Benjamin und Julius, die beiden Hauptpersonen in dieser Geschichte. Sie sind erst seit kurzem befreundet. Denn Julius ist mit seiner Familie ganz neu in die Stadt Kafarnaum in Palästina gezogen. Was die beiden Jungen miteinander erleben erfahrt ihr in dieser Geschichte.

Dieses Arbeitsheft möchte dich durch die Geschichte von „Benjamin & Julius" begleiten.
Du findest darin Wissensfragen, Wortsuchsel und Lückentexte. Auch ein Rezept zum Fladen backen und eine Anleitung zum Basteln einer Amphore gibt es. Die Symbole bedeuten:

Weißt du Bescheid?

Versuche, die Fragen zu beantworten.
Wenn du nicht weiterweißt, darfst du auch nochmal im Buch nachschlagen.

Wortsuchsel

Male die Wörter farbig an, die du entdeckst.
Unter dem Wortkasten findest du die Wörter, die gesucht werden.

Lückentext

Schreibe die richtigen Wörter in die Lücken.
Die Lösungswörter findest du unter dem Text.

Fast alle Arbeitsblätter gibt es in zwei unterschiedlichen Versionen. Du kannst wählen zwischen:

Niveau 1:
nicht so schwierig

Niveau 2:
schwieriger

Viel Spaß beim Lesen und Entdecken!

Benjamin & Julius

Teil 1 Seite 9–19

Weißt du Bescheid?

1. Benjamin lebte vor ungefähr 2000 Jahren. Wie wird die Heimat von Benjamin genannt?

☐ Israel
☐ Palästina
☐ Italien

2. Lange bevor Benjamin lebte, sagten die Israeliten über dieses Land:

„Es ist ein Land, in dem ______________ und ____________ fließen."

3. Benjamins Heimatstadt ist die Stadt:

☐ Kairo am See Gennesaret
☐ Kafarnaum am See Galiläa
☐ Kafarnaum am See Gennesaret

4. Welche Truppen haben ganz Palästina unter ihre Herrschaft gebracht?

☐ Truppen des römischen Kaisers
☐ Truppen des Königs Herodes
☐ Truppen des jüdischen Kaisers

5. Benjamins Vater hieß Aram. Was war er von Beruf?

☐ Hirte
☐ Töpfer
☐ Bauer

6. In Kafarnaum herrschte große Aufregung und auch Benjamins Vater war sehr wütend. Was hat Aram so fuchsteufelswild gemacht?

☐ Streitereien zwischen Benjamin und seinen Schwestern
☐ die Römer und ihre Handlanger
☐ die Arbeit auf dem Feld

7. Warum ärgerte sich Aram und mit ihm viele Menschen aus Kafarnaum?

- ☐ Die Menschen sollten ihre Häuser verlassen.
- ☐ Die Römer hatten die Steuern erhöht.
- ☐ Das Wetter in Palästina war schlecht.

8. Nicht nur der römische Kaiser Tiberius wollte Geld von den Bauern haben. Wer noch?

(2 Antworten sind richtig)

- ☐ König Herodes
- ☐ die Nachbarn
- ☐ die Großgrundbesitzer

9. Als Benjamin die Verzweiflung sah, wurde er wütend und schrie:

(2 Antworten sind richtig)

- ☐ Ich hasse alle Römer.
- ☐ Ich habe Angst.
- ☐ Ich werde gegen sie kämpfen.

10. Im Lager der römischen Soldaten gab es eine Aufregung, weil …

(2 Antworten sind richtig)

- ☐ es eine Krankheit im Lager gab.
- ☐ der neue Kommandeur Cassius die neuen Gesetze durchsetzen sollte.
- ☐ der neue Kommandeur soll streng sein.

11. Wie heißt der Sohn des römischen Kommandeurs Cassius?

____

12. Der Sohn von Cassius macht sich auf den Weg nach Kafarnaum. Er trifft auf Benjamin. Die beiden beginnen zu streiten. Was sagen sie?

(2 Antworten sind richtig)

- ☐ Hau doch ab, du hast hier nichts zu suchen.
- ☐ Was mein Vater sagt, das müsst ihr alle tun.
- ☐ Du bist ein Blödmann.

13. Was bietet Julius Benjamin an?

- ☐ Willst du mit ins römische Lager kommen?
- ☐ Komm, wir wollen uns vertragen!
- ☐ Hau endlich ab.

14. Geht Benjamin auf das Freundschaftsangebot ein?

____

Benjamin & Julius

Teil 1 Seite 9–19

Wortsuchsel

Suche die Wörter und male die Felder farbig an.

L	H	v	Z	Z	T	i	b	e	r	i	u	s	B	h
B	S	B	u	K	a	f	a	r	n	a	u	m	s	A
l	t	e	P	V	q	l	v	Ä	r	g	e	r	f	P
u	a	n	F	P	n	Y	D	q	q	l	z	w	S	a
t	u	j	r	r	K	W	a	n	z	e	f	Y	E	l
s	b	a	e	ü	l	U	w	Q	l	C	V	d	r	ä
a	w	m	u	g	w	y	G	S	f	v	B	n	n	s
u	o	i	n	e	B	l	P	z	m	s	h	g	t	t
g	l	n	d	l	b	a	B	V	d	r	Q	V	e	i
e	k	v	e	e	p	c	j	U	G	m	q	m	f	n
r	e	o	f	i	w	h	O	R	ö	m	e	r	t	a
w	k	v	F	b	H	e	r	o	d	e	s	q	y	l
S	e	e	G	e	n	n	e	s	a	r	e	t	L	q
L	N	X	T	B	C	i	C	z	J	u	l	i	u	s
b	R	H	y	L	H	D	d	X	S	t	e	u	e	r

Diese Wörter findest du im Suchsel:

Benjamin, Julius, Herodes, Tiberius, Palästina, Römer, Kafarnaum, SeeGennesaret, Freunde, Blutsauger, Wanze, Staubwolke, Steuer, Ernte, Ärger, Prügelei, lachen

Benjamin & Julius

Teil 1 Seite 9–19

Lückentext: Mit Prügeln fing es an …

____________________ lebt in der Stadt Kafarnaum im heutigen ____________ . Die Stadt liegt am See Gennesaret. Benjamins ____________ heißen Aram und Esther. Seine Schwestern heißen Sara und Hanna. Sein Vater ist ____________ . Das ganze Land __________________ ist von den Römern besetzt. Die Israeliten müssen ______________ an die Römer bezahlen. Darüber sind die Menschen oft wütend.

Eines Tages begegnet Benjamin einem fremden Jungen. Der heißt ____________ und ist ein Römer. Sein Vater ist der Kommandeur im römischen Lager bei ____________________ . Darauf ist Julius sehr stolz. Benjamin hält nicht viel von Römern. Schnell kommt es zum ____________ und die beiden Jungen ____________ sich. Dann muss Julius vom Straßenstaub niesen. Die beiden Jungen lachen und werden _______________ . Das ist nicht so einfach für Benjamin. Er weiß nicht, ob er Julius sein Haus zeigen kann, denn seine Eltern halten nicht viel von den ____________ und freuen sich nicht, wenn ihr Sohn mit einem römischen ____________ befreundet ist.

Lösungswörter: Israel • Bauer • Palästina • Eltern • Benjamin • Steuern • Streit • Freunde • Julius • Jungen • prügeln • Kafarnaum • Römern

Benjamin & Julius

Teil 1 Seite 9–19

Weißt du Bescheid?

1. Benjamin lebte vor ungefähr 2000 Jahren. Wie wird die Heimat von Benjamin genannt?

☐ Israel
☐ Palästina
☐ Italien

2. Lange bevor Benjamin lebte, sagten die Israeliten über dieses Land:

„Es ist ein Land, in dem ______________ und ____________ fließen."

3. Benjamins Heimatstadt ist die Stadt:

☐ Kairo am See Gennesaret
☐ Kafarnaum am See Galiläa
☐ Kafarnaum am See Gennesaret

4. Welche Truppen haben ganz Palästina unter ihre Herrschaft gebracht?

☐ Truppen des römischen Kaisers
☐ Truppen des Königs Herodes
☐ Truppen des jüdischen Kaisers

5. Benjamins Vater hieß Aram. Was war er von Beruf?

☐ Hirte
☐ Töpfer
☐ Bauer

6. In Kafarnaum herrschte große Aufregung und auch Benjamins Vater war sehr wütend. Was hat Aram so fuchsteufelswild gemacht?

☐ Streitereien zwischen Benjamin und seinen Schwestern
☐ die Römer und ihre Handlanger
☐ die Arbeit auf dem Feld

7. Warum ärgerte sich Aram und mit ihm viele Menschen aus Kafarnaum?

- ☐ Die Menschen sollten ihre Häuser verlassen.
- ☐ Die Römer hatten die Steuern erhöht.
- ☐ Das Wetter in Palästina war schlecht.

8. Nicht nur der römische Kaiser Tiberius wollte Geld von den Bauern haben. Wer noch?

(2 Antworten sind richtig)

- ☐ König Herodes
- ☐ die Nachbarn
- ☐ die Großgrundbesitzer

9. Als Benjamin die Verzweiflung sah, wurde er wütend und schrie:

(2 Antworten sind richtig)

- ☐ Ich hasse alle Römer.
- ☐ Ich habe Angst.
- ☐ Ich werde gegen sie kämpfen.

10. Im Lager der römischen Soldaten gab es eine Aufregung, weil …

(2 Antworten sind richtig)

- ☐ es eine Krankheit im Lager gab.
- ☐ der neue Kommandeur Cassius die neuen Gesetze durchsetzen sollte.
- ☐ der neue Kommandeur soll streng sein.

11. Wie heißt der Sohn des römischen Kommandeurs Cassius?

____

12. Der Sohn von Cassius macht sich auf den Weg nach Kafarnaum. Er trifft auf Benjamin. Die beiden beginnen zu streiten. Was sagen sie?

(2 Antworten sind richtig)

- ☐ Hau doch ab, du hast hier nichts zu suchen.
- ☐ Was mein Vater sagt, das müsst ihr alle tun.
- ☐ Du bist ein Blödmann.

13. Was bietet Julius Benjamin an?

- ☐ Willst du mit ins römische Lager kommen?
- ☐ Komm, wir wollen uns vertragen!
- ☐ Hau endlich ab.

14. Geht Benjamin auf das Freundschaftsangebot ein?

____

15. Julius bietet Benjamin an „Komm, wir wollen uns vertragen!“ Wie reagiert Benjamin darauf?

Wie würdest du an Benjamins Stelle reagieren? Begründe deine Antwort.

Ich würde,

weil

16. Warum ist Julius erstaunt, als Benjamin ihm erklärt: „Meine Eltern sehen es bestimmt nicht gern, wenn ich mit einem römischen Jungen befreundet bin.“

17. Welche Überlegung bringt Benjamin dazu, es mit einer Freundschaft mit Julius auszuprobieren?

18. Würdest du dich an Benjamins Stelle auf eine Freundschaft mit Julius einlassen? Begründe deine Meinung.

Male ein Bild von Benjamin und Julius in den Bilderrahmen.

Benjamin & Julius

Teil 1 Seite 9–19

Wortsuchsel

Suche die Wörter und male die Felder farbig an.

1. Die Namen der Hauptfiguren.
2. Den Namen vom jüdischen König.
3. Den Namen vom Kaiser in Rom.
4. Wie heißt das Land, in dem Benjamin lebt?
5. Wer besetzt das Land?
6. Wie heißt die Stadt, in der die Geschichte spielt?
7. Die Stadt liegt am …?
8. Ein Schimpfwort: Benjamin nennt Julius B …
9. Ein Schimpfwort: Julius nennt Benjamin W …
10. Was bringt die beiden zum Lachen?
11. Was möchte der Kaiser von Rom von den Juden haben?
12. Wovon müssen die Bauern noch mehr abgeben?
13. Die Römer wollen immer mehr Geld. Dies ä … Benjamins Vater Aram.
14. Als Benajmin und Julius sich zum ersten Mal getroffen haben, kam es zu einer …
15. Es gab eine Staubwolke und beide mussten l …
16. Nun probieren sie aus, ob sie … werden können.

L	H	v	w	U	E	h	K	a	f	a	r	n	a	u	m
h	S	e	e	G	e	n	n	e	s	a	r	e	t	Y	D
m	q	U	z	w	Z	R	ö	m	e	r	K	f	Y	I	U
J	u	l	i	u	s	w	Q	I	C	V	d	l	B	S	w
y	W	a	n	z	e	G	S	f	B	B	n	a	l	t	F
P	ä	r	g	e	r	t	z	m	e	s	N	c	u	a	P
g	b	B	V	d	r	Q	V	v	n	p	j	h	t	u	a
P	F	U	G	m	q	m	f	E	j	o	M	e	s	b	l
r	r	G	O	t	w	k	v	r	a	D	b	n	a	w	ä
ü	e	q	p	e	i	k	t	n	m	u	m	y	u	o	s
g	u	M	n	q	L	M	X	t	i	T	B	C	g	l	t
e	n	Q	X	z	b	R	H	e	n	y	L	H	e	k	i
l	d	I	e	k	x	q	f	j	v	i	D	C	r	e	n
e	e	V	S	t	e	u	e	r	n	d	X	I	G	Z	a
i	Z	F	k	v	T	i	b	e	r	i	u	s	p	x	V
f	m	X	G	z	O	Q	H	e	r	o	d	e	s	O	U

Benjamin & Julius

Teil 1 Seite 9–19

Lückentext: Mit Prügeln fing es an …

__________________ lebt in der Stadt Kafarnaum im heutigen __________. Die Stadt liegt am See Gennesaret. Benjamins __________ heißen Aram und Esther. Seine Schwestern heißen Sara und __________. Sein Vater ist __________. Das ganze Land ________________ ist von den Römern besetzt. Die Israeliten müssen ____________ an die Römer bezahlen. Darüber sind die Menschen oft _____________.

Eines __________ begegnet Benjamin einem fremden Jungen. Der heißt __________ und ist ein Römer. Sein Vater ist der Kommandeur im römischen Lager bei __________________. Darauf ist Julius sehr ________.

Benjamin hält nicht viel von Römern. Schnell kommt es zum __________ und die beiden Jungen __________ sich. Dann muss Julius vom Straßenstaub __________. Die beiden Jungen lachen und werden _____________.

Das ist nicht so einfach für Benjamin. Er weiß nicht, ob er Julius sein ________ zeigen kann, denn seine Eltern halten nicht viel von den __________ und freuen sich nicht, wenn ihr Sohn mit einem römischen __________ befreundet ist.

Lösungswörter: Israel • Bauer • wütend • Palästina • Hanna • Eltern • Benjamin • Steuern • Streit • Haus • Freunde • Julius • Jungen • stolz • prügeln • Tages • Kafarnaum • niesen • Römern

Benjamin & Julius

Teil 2 Seite 19–25

In Benjamins Haus

So sieht Benjamins Haus von außen aus. Julius findet die ____________ winzig. In _________ sind die Häuser aus _________ oder sogar aus kostbarem _____________. Sie sind ziemlich _________ und haben viele Fenster.

Lösungswörter: Marmor • Stein • groß • Häuser • Rom

Lies den Text (Seite 22–25). Ergänze das Bild: Personen – Tiere – Gegenstände. Beschrifte die Gegenstände.

Schlafmatte, Öllampe, Tonkrug, Schlauch aus Tierhaut, Mühle

Benjamin & Julius

Teil 2 Seite 19–25 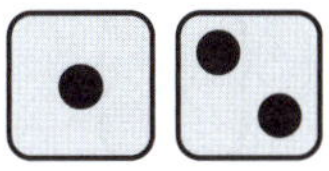

Wie sieht dein Haus aus?

Hier hast du nun viel Platz und kannst malen, wie du lebst.

Benjamin in Palästina ______________________

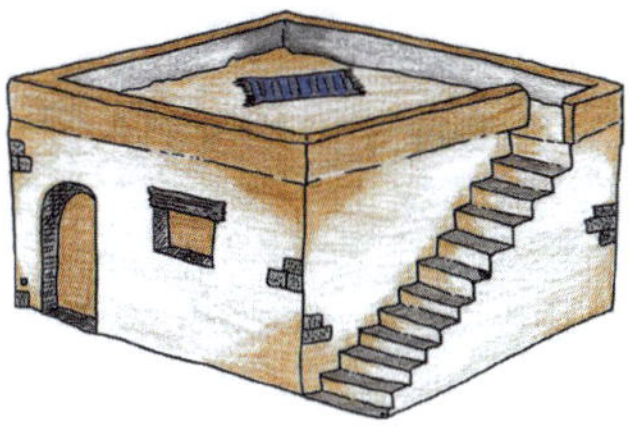

Benjamin & Julius

Teil 3 Seite 26–38

Weißt du Bescheid?

1. Warum hat Benjamin ein paar Tage nichts mehr von Julius gehört?
- ☐ Julius ist ein eingebildeter Römerjunge!
- ☐ Julius musste auf das Haus aufpassen.
- ☐ Julius war im Urlaub.

2. Wo arbeitet die ganze Familie von Benjamin?
- ☐ auf dem Feld
- ☐ auf dem Marktplatz
- ☐ auf der Weide

3. Wie begrüßt Julius den Vater von Benjamin?
- ☐ „Hi, wie geht's?"
- ☐ „Schalom"
- ☐ „Guten Morgen!"

4. Was gibt der Großvater den Jungen zur Stärkung?
- ☐ Schokolade
- ☐ Wasser
- ☐ Brot

5. Womit wird das Getreide geschnitten?
- ☐ Scheren
- ☐ Sicheln
- ☐ Sägen

6. Was binden Julius, Benjamin und Sara zu Garben zusammen?
- ☐ Schnürsenkel
- ☐ Körner
- ☐ Getreide

7. Worauf fahren Benjamin und Julius am nächsten Tag mit?

☐ Dreschschlitten
☐ Kutsche
☐ Fischerboot

8. Was drückt der Dreschschlitten aus den Ähren?

____

9. Wer muss in Rom schwere Arbeiten verrichten?

☐ Kommandeure
☐ Soldaten
☐ Sklaven

10. Warum müssen Bauern ihre Kinder manchmal als Sklaven verkaufen?

☐ Weil sie keinen Platz für sie haben.
☐ Weil sie ihre Schulden nicht bezahlen können.
☐ Weil sie genügend Kinder haben.

11. Was ist Worfeln?

☐ ein anderes Wort für Würfeln
☐ vom Korn werden Ährenreste – die Spelzen – entfernt
☐ das Korn wird mit der Hand verlesen

12. Wozu benötigt Benjamins Mutter einen Mahlstein?

(2 Antworten sind richtig)

☐ zum Mehl mahlen
☐ zum Bild malen
☐ zum Zerquetschen der Körner

13. Welche Zutaten benutzt Rebecca für den Fladenteig?

☐ Mehl, Hefe, Milch, Zucker
☐ Mehl, Wasser, Salz, Sauerteig
☐ Backpulver, Rosinen, Haferflocken

14. Wie werden die flachen Bastschalen mit dem Fladen transportiert?

☐ auf einem Karren
☐ in der Hand
☐ auf dem Kopf

Benjamin & Julius

Teil 3 Seite 26–38

Wortsuchsel

Suche die Wörter und male die Felder farbig an.

v	O	f	e	n	w	U	B	S	c	h	a	l	o	m	h	u	s	A	P
M	q	W	a	s	s	e	r	s	c	h	l	a	u	c	h	U	v	f	h
Y	D	U	q	A	v	e	l	z	w	S	K	f	Y	l	U	w	Q	l	C
V	d	w	y	M	a	h	l	s	t	e	i	n	G	K	S	f	v	R	B
n	F	P	z	m	s	h	x	b	B	V	d	r	Q	ö	V	v	F	ü	D
p	j	U	G	j	q	C	f	P	M	P	O	t	w	r	k	v	e	c	r
D	b	q	y	l	q	G	a	r	b	e	n	q	L	n	L	X	l	k	e
T	B	S	p	e	l	z	e	n	C	B	N	z	b	e	R	H	d	e	s
y	L	H	l	o	B	x	q	f	D	B	i	F	W	r	S	C	V	n	c
L	d	X	l	n	Z	Z	F	u	r	z	p	l	t	V	a	f	m	s	h
X	G	z	O	Q	O	U	C	x	e	Q	S	a	k	v	u	z	H	c	s
G	Q	e	X	M	v	k	U	Z	s	l	k	d	G	j	e	Y	x	h	c
S	i	c	h	e	l	M	p	j	c	y	l	e	x	Q	r	h	F	m	h
y	q	m	T	K	v	W	y	w	h	q	a	n	Y	V	t	g	x	e	l
U	f	O	v	B	D	l	K	G	e	U	v	b	i	F	e	J	K	r	i
u	L	C	w	h	m	M	K	i	n	X	e	r	u	p	i	u	b	z	t
Z	P	C	l	O	Y	U	X	k	D	d	v	o	a	Y	g	K	j	e	t
W	o	r	f	e	l	n	x	Q	D	L	t	t	J	x	Z	A	O	n	e
o	l	Z	d	X	T	t	G	A	p	F	V	k	l	M	M	E	x	O	n
c	P	y	l	P	q	Q	J	O	c	h	s	e	v	Y	X	d	V	s	L

Diese Wörter findest du im Suchsel:

Feld, Wasserschlauch, Sichel, Garben, Rückenschmerzen, Schalom, Ave, Ochse, Dreschen, Dreschschlitten, Worfeln, Körner, Spelzen, Sklave, Mahlstein, Sauerteig, Fladenbrot, Ofen

Benjamin & Julius

Teil 3 Seite 26–38

Lückentext: Aus Korn wird Brot

Einige Tage später nimmt Benjamin Julius mit zum Feld der Familie. Alle sind damit beschäftigt, das ____________ zu ernten. Aram und Benjamins Großvater Samuel sind erst von der Freundschaft der beiden Jungen nicht begeistert. Die Jungen dürfen dann aber mithelfen.

Mit Sara, der großen Schwester von Benjamin, binden sie das geschnittene Getreide zu ____________ zusammen, bis Julius Rückenschmerzen hat.

Am nächsten Tag fahren die beiden auf dem Dreschschlitten mit. Ein ____________ zieht den Schlitten über die ____________ bis alle Körner herausgefallen sind. Es macht großen Spaß und von dem Staub muss Julius wieder niesen.

Der Staub entsteht beim ____________ vor dem Hoftor. Der Großvater wirft mit einer großen Holzschaufel das gedroschene Getreide hoch in die Luft. Die schweren Körner fallen auf den Boden und die Reste der Ähren, die ____________, trägt der Wind fort.

Als Julius versucht, das Getreide in die Luft zu werfen, landet alles auf seinem Kopf.

Am nächsten ____________ sieht Julius, wie aus Körnern mit einer Handmühle ____________ gemahlen wird. Vermischt mit Wasser, ____________ und ____________ entsteht ein ____________, aus dem Hanna Fladen formt. Die ____________ tragen sie zum großen Ofen auf dem ____________. Darin werden sie gebacken und die beiden Jungen dürfen sie probieren.

Lösungswörter: Spelzen • Backtag • Sauerteig • Ochse • Mehl • Salz • Fladen • Garben • Getreide • Worfeln • Marktplatz • Ähren • Teig

Benjamin & Julius

Teil 3 Seite 26–38

Wir backen Fladenbrote

Zutaten:

2 Tassen Mehl

1 Teelöffel Salz

50 g Öl

½ Tasse lauwarmes Wasser

Und so geht's:

Zutaten zu einem festen Teig verrühren und kräftig kneten, bis er Blasen wirft.

10 kleine Kugeln formen und zu dünnen Fladen zurechtdrücken.

In einer heißen, ungefetteten Pfanne von beiden Seiten backen,

bis sie braune Flecken bekommen.

Sofort essen!

Guten Appetit!

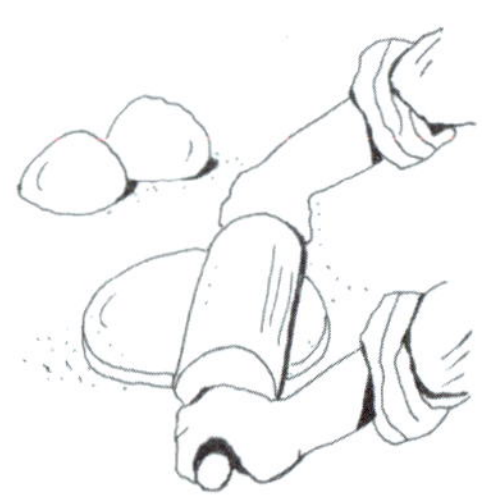

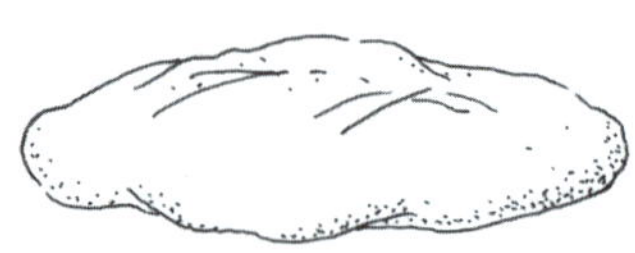

Benjamin & Julius

Teil 3 Seite 26–38

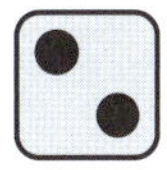

Weißt du Bescheid?

1. Warum hat Benjamin ein paar Tage nichts mehr von Julius gehört?

- ☐ Julius ist ein eingebildeter Römerjunge!
- ☐ Julius musste auf das Haus aufpassen.
- ☐ Julius war im Urlaub.

2. Wo arbeitet die ganze Familie von Benjamin?

- ☐ auf dem Feld
- ☐ auf dem Marktplatz
- ☐ auf der Weide

3. Wie begrüßt Julius den Vater von Benjamin?

- ☐ „Hi, wie geht's?"
- ☐ „Schalom"
- ☐ „Guten Morgen!"

4. Was gibt der Großvater den Jungen zur Stärkung?

- ☐ Schokolade
- ☐ Wasser
- ☐ Brot

5. Womit wird das Getreide geschnitten?

- ☐ Scheren
- ☐ Sicheln
- ☐ Sägen

6. Was binden Julius, Benjamin und Sara zu Garben zusammen?

- ☐ Schnürsenkel
- ☐ Körner
- ☐ Getreide

7. Worauf fahren Benjamin und Julius am nächsten Tag mit?

☐ Dreschschlitten
☐ Kutsche
☐ Fischerboot

8. Was drückt der Dreschschlitten aus den Ähren?

____

9. Wer muss in Rom schwere Arbeiten verrichten?

☐ Kommandeure
☐ Soldaten
☐ Sklaven

10. Warum müssen Bauern ihre Kinder manchmal als Sklaven verkaufen?

☐ Weil sie keinen Platz für sie haben.
☐ Weil sie ihre Schulden nicht bezahlen können.
☐ Weil sie genügend Kinder haben.

11. Was ist Worfeln?

☐ ein anderes Wort für Würfeln
☐ vom Korn werden Ährenreste – die Spelzen – entfernt
☐ das Korn wird mit der Hand verlesen

12. Wozu benötigt Benjamins Mutter einen Mahlstein?

(2 Antworten sind richtig)

☐ zum Mehl mahlen
☐ zum Bild malen
☐ zum Zerquetschen der Körner

13. Welche Zutaten benutzt Rebecca für den Fladenteig?

☐ Mehl, Hefe, Milch, Zucker
☐ Mehl, Wasser, Salz, Sauerteig
☐ Backpulver, Rosinen, Haferflocken

14. Wie werden die flachen Bastschalen mit dem Fladen transportiert?

☐ auf einem Karren
☐ in der Hand
☐ auf dem Kopf

15. Wo steht der große Ofen?

- ☐ auf dem Marktplatz
- ☐ im Haus
- ☐ außerhalb von Kafarnaum

16. Warum darf der Ochse einen Augenblick von dem Getreide fressen?

____

17. Wie heißt das Sprichwort?

____

Was könnte damit gemeint sein?

____

18. Warum legt Sara einen Rest Teig wieder in den Tontopf?

____

Meinst du, dass heute auch noch so gebacken wird?

____

____

**19. Wie stellst du dir das Ernten, Dreschen oder Worfeln vor?
Male ein Bild dazu oder klebe eins in den Bilderrahmen.**

Benjamin & Julius

Teil 3 Seite 26–38

Wortsuchsel

Suche die Wörter und male die Felder farbig an.

1. Wo erntet Benjamins Familie? Auf dem …
2. Woraus trinken Benjamin und Julius?
3. Womit wird das Getreide „abgeschnitten“?
4. Zusammengebundenes Getreide.
5. Was hat Julius nach dem Zusammenbinden des Getreides?
6. Frieden übersetzt: …
7. Auf Wiedersehn: …
8. Wer zieht den Dreschschlitten?
9. Was frisst der Ochse?
10. Trennen von Ähre und Korn.
11. Was zieht der Ochse?
12. Trennen von Korn und Ährenresten.
13. Wie heißen die Ährenreste?
14. Wer verrichtet in Rom die körperlich schwere Arbeit?
15. Womit wird das Mehl gemahlen?
16. Nicht Süßteig sondern … teig.
17. Was wird gebacken?
18. Worin wird gebacken?

v	D	r	e	s	c	h	s	c	h	l	i	t	t	e	n	w
U	B	h	u	s	A	P	M	S	i	c	h	e	l	q	U	v
K	f	F	l	a	d	e	n	b	r	o	t	h	Y	D	D	R
ö	m	M	a	h	l	s	t	e	i	n	q	F	l	z	r	ü
r	w	S	O	f	e	n	K	f	Y	p	y	e	w	Q	e	c
n	l	C	V	S	p	e	l	z	e	n	j	l	w	y	s	k
e	G	S	c	h	a	l	o	m	q	f	v	d	B	n	c	e
r	F	P	O	c	h	s	e	z	m	S	s	h	g	b	h	n
B	V	d	r	Q	V	v	p	j	U	k	G	m	q	m	e	s
f	o	M	w	O	t	w	k	v	M	l	b	q	y	x	n	c
W	a	s	s	e	r	s	c	h	l	a	u	c	h	F	n	h
q	L	M	X	T	B	C	G	N	z	v	x	Q	H	y	L	m
H	l	o	B	x	q	f	B	i	D	e	C	V	L	d	X	e
S	a	u	e	r	t	e	i	g	l	n	Z	Z	F	h	F	r
p	l	V	G	a	r	b	e	n	f	m	X	G	z	O	Q	z
O	U	U	x	N	k	A	v	e	m	z	H	G	Q	e	X	e
M	v	k	U	Z	T	G	j	W	o	r	f	e	l	n	Y	n

Benjamin & Julius

Teil 3 Seite 26–38

Lückentext: Aus Korn wird Brot

Einige Tage später nimmt Benjamin Julius mit zum __________ der Familie. Alle sind damit beschäftigt, das ____________ zu ernten. Aram und Benjamins Großvater ____________ sind erst von der Freundschaft der beiden Jungen nicht begeistert. Die Jungen dürfen dann aber mithelfen.

Mit Sara, der großen Schwester von Benjamin, binden sie das geschnittene Getreide zu ____________ zusammen, bis Julius Rückenschmerzen hat.

Am nächsten Tag fahren die beiden auf dem _________________________ mit.

Ein __________ zieht den Schlitten über die ____________ bis alle Körner herausgefallen sind. Es macht großen Spaß und von dem Staub muss Julius wieder niesen.

Der Staub entsteht beim _____________ vor dem Hoftor. Der Großvater wirft mit einer großen __________________ das gedroschene Getreide hoch in die Luft. Die schweren Körner fallen auf den ___________ und die Reste der Ähren, die ___________, trägt der Wind fort.

Als Julius versucht, das Getreide in die Luft zu werfen, landet alles auf seinem __________.

Am nächsten _______________ sieht Julius, wie aus Körnern mit einer Handmühle __________ gemahlen wird. Vermischt mit Wasser, __________ und ______________ entsteht ein _________, aus dem Hanna Fladen formt. Die ______________ tragen sie zum großen Ofen auf dem __________________. Darin werden sie gebacken und die beiden Jungen dürfen sie probieren.

Lösungswörter: Salz • Dreschschlitten • Worfeln • Getreide • Samuel • Spelzen • Feld • Boden • Kopf • Marktplatz • Sauerteig • Holzschaufel • Teig • Garben • Ochse • Backtag • Mehl • Ähren • Fladen

Benjamin & Julius

Teil 4 Seite 38–51

Weißt du Bescheid?

1. Benjamin besucht gemeinsam mit Julius seinen Onkel. Was ist er von Beruf?

☐ Bäcker
☐ Fischer
☐ Kommandeur

2. Julius schlingt sein Frühstück hastig herunter, damit er mit Benjamin rechtzeitig beim Onkel ankommt. Der Onkel hat den Namen

☐ Jakob
☐ Aaron
☐ Aram

3. Wie heißt der See, in dem der Onkel Fische fängt?

☐ See Gennesaret
☐ See Galiläa
☐ See Jordan

4. Julius begrüßt mit Herzklopfen Benjamins Onkel. Was ruft der Onkel ihm zu?

(2 Antworten sind richtig)

☐ „Komm nur, ich habe schon von dir gehört!"
☐ „Benjamins Vater spricht freundlich von dir."
☐ „Römer dürfen mein Boot nicht betreten!"

5. Benjamin und Julius helfen bei der Arbeit. Welche Tätigkeiten übernehmen sie?

(2 Antworten sind richtig)

☐ Die beiden Jungen hängen die Fischernetze auf.
☐ Sie putzen das Boot.
☐ Sie sortieren Fische.

6. Der Onkel hat viele Fische gefangen. Was passiert mit dem Fang?
☐ Der Onkel schenkt den ganzen Fang Benjamins Familie.
☐ Die besten Fische werden zunächst in die Stadt Magdala gebracht.
☐ Die Fische werden direkt nach Rom geliefert.

7. Wo kaufen die Jungen einen Teller?
☐ im Kaufhaus
☐ beim Töpfer
☐ auf dem Markt

8. Benjamin ist traurig. Warum sieht er unglücklich aus?
(2 Antworten sind richtig)
☐ Benjamin hat einen Teller zerbrochen.
☐ Benjamin hat Streit mit seiner Schwester.
☐ Benjamins Mutter hat mit ihm geschimpft.

9. Warum kann Benjamin den Teller, den der Töpfer jetzt formt, nicht sofort mitnehmen?
☐ Der Teller muss erst einige Tage trocknen und im Ofen gebrannt werden.
☐ Der Töpfer Ephraim hat nicht genügend Teller.
☐ Ephraim will einem „Römerfreund" keinen Teller verkaufen.

10. Im Haus des Töpfers sehen die Jungen wie
☐ der Töpfer auf einem Tisch aus einem Klumpen Ton einen Krug formt.
☐ der Töpfer eine Drehscheibe anstößt und dabei automatisch ein Tongefäß entsteht.
☐ der Töpfer die Drehscheibe gleichmäßig in Schwung bringt und beim Drehen mit seinen Händen den Ton formt.

11. Benjamin besucht mit Julius seinen alten Freund. Wie heißt er?

____

12. Welche Aufgabe hat Jakob auf dem Hügel vor dem Stadttor?
☐ Jakob hütet tagsüber eine Herde Schafe.
☐ Er passt Tag und Nacht auf die Schafherde auf und schläft bei den Tieren.
☐ Er melkt dort eine Ziegenherde.

13. Vor welchem gefährlichen Raubtier hat Jakob seine Herde beschützt?

____

14. Sieh dir das Bild genau an. Welche Dinge benötigt Jakob für den Schutz seiner Tiere?

(2 Antworten sind möglich)

- ☐ Hirtenstab
- ☐ Schleuder
- ☐ Keule
- ☐ Flöte
- ☐ Mauer

15. Von wem hat Jakob bei seiner Arbeit Hilfe?

____

16. Wie vertreibt sich Jabob die Zeit, damit ihm nicht langweilig wird?

____

Benjamin & Julius

Teil 4 Seite 38–51

Wortsuchsel

Suche die Wörter und male die Felder farbig an.

q	A	a	r	o	n	U	v	f	h	Y	D	m	F	q	Z	l
z	S	c	h	i	l	f	r	o	h	r	w	T	i	S	i	K
R	o	m	f	e	o	s	M	Y	l	q	w	ö	s	Q	e	N
I	C	V	j	w	y	G	S	q	v	y	n	p	c	F	g	e
P	R	a	u	b	t	i	e	r	e	g	z	f	h	m	e	t
D	r	e	h	s	c	h	e	i	b	e	Y	e	e	h	l	z
g	b	B	V	d	F	Q	V	v	p	j	U	r	r	G	s	e
G	m	q	m	f	G	M	w	O	t	w	k	v	v	r	t	p
b	q	y	S	t	a	d	t	t	o	r	l	n	q	o	e	L
M	X	Q	G	e	n	n	e	s	a	r	e	t	B	ß	i	C
K	T	y	b	R	E	p	h	r	a	i	m	H	y	m	n	L
D	k	W	T	o	n	B	x	q	f	B	i	D	C	u	V	M
L	H	v	X	B	l	a	s	e	b	a	l	g	l	t	S	a
S	i	n	Z	K	i	s	t	e	n	Z	F	M	x	t	a	n
e	r	p	I	V	f	m	X	G	z	O	Q	O	S	e	l	t
e	t	j	x	S	c	h	l	e	u	d	e	r	N	r	z	e
k	e	E	p	H	B	r	e	n	n	o	f	e	n	X	Q	l

Diese Wörter findest du im Suchsel: Töpfer, Ton, Brennofen, Ephraim, Ziegelstein, Drehscheibe, Blasebalg, Aaron, Fischer, See, Gennesaret, Netze, Kisten, Salz, Rom, Großmutter, Hirte, Schleuder, Raubtiere, Stadttor, Schilfrohr, Mantel

Benjamin & Julius

Teil 4 Seite 38–51

Lückentext: Am Brunnen

Es ist ein heißer __________. Julius ist auf dem Weg zu

seinem ______________ Benjamin.

Julius _____________ ist ganz ausgetrocknet.

Er freut sich auf einen Schluck erfrischendes _____________.

Er kommt bei ___________________ an. Leider ist Benjamins

______________________________ leer.

In Benjamins Haus gibt es eine Zisterne, die mit

_____________________________ gefüllt ist. Aber dieses Wasser ist

nur für die ___________. Für Menschen ist es nicht gesund. Einen Brunnen mit

____________________________ für die Menschen gibt es im Haus nicht.

Eigentlich ist es die Aufgabe der _______________ __________ _______________ Wasser aus

dem Brunnen zu holen. Heute übernehmen diese Aufgaben _______________________

Benjamin und Julius.

Benjamin setzt sich den großen Wasserkrug auf den ___________ und macht sich

mit Julius auf den Weg.

Lösungswörter: und • Benjamin • Tiere • Frauen • Wasserschlauch • Wasser • Mädchen • Kopf • ausnahmsweise • Mund • Freund • Tag • Regenwasser • Trinkwasser

Benjamin & Julius

Teil 4 Seite 38–51

Wir basteln eine Amphore

Material:

kleine Plastikfläschchen, z.B. vom Joghurtdrink
Modelliermasse im Farbton Terrakotta, lufttrocknend
evtl. kleine Schmucksteine oder Perlen

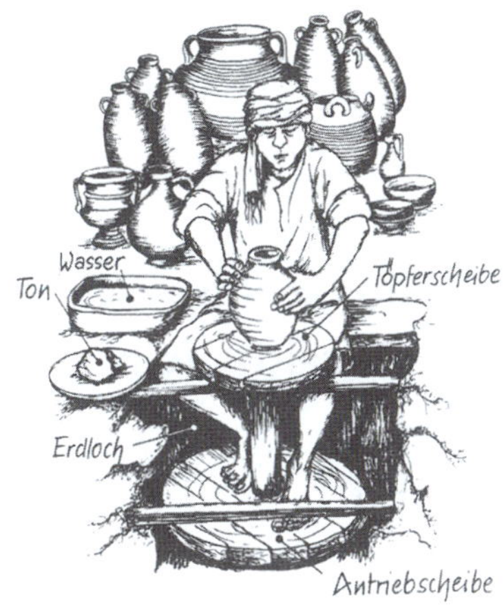

Anleitung:

1. Das Gefäß mit der Modelliermasse umgeben.
2. Danach Schmucksteine oder Perlen hineindrücken.
3. Für den Deckel einen Kreis aus Pappe schneiden.
   Daran einen Deckel formen.
4. Die Modelliermasse einen Tag trocknen lassen.

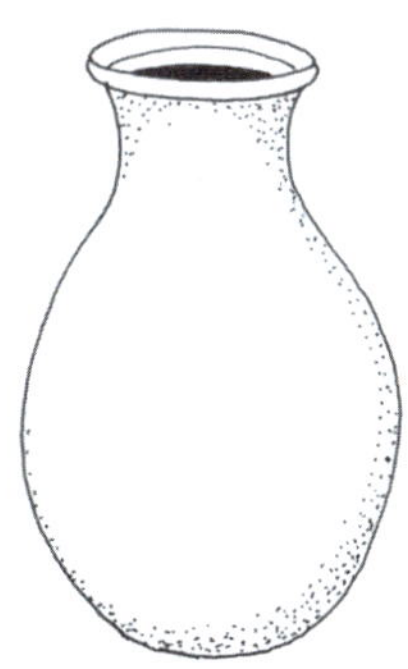

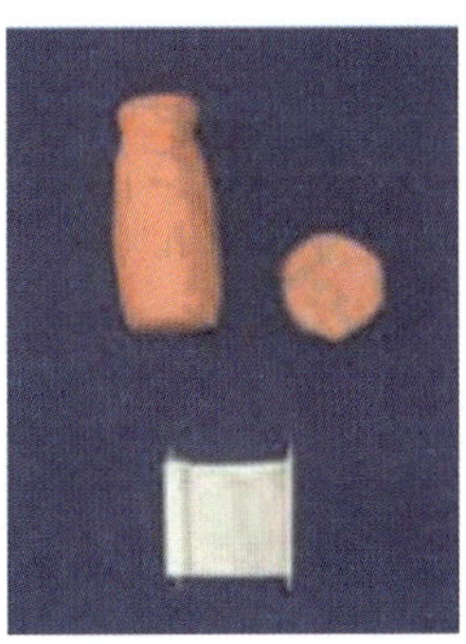

Benjamin & Julius

Teil 4 Seite 38–51

Weißt du Bescheid?

1. Benjamin besucht gemeinsam mit Julius seinen Onkel. Was ist er von Beruf?

☐ Bäcker
☐ Fischer
☐ Kommandeur

2. Julius schlingt sein Frühstück hastig herunter, damit er mit Benjamin rechtzeitig beim Onkel ankommt. Der Onkel hat den Namen

☐ Jakob
☐ Aaron
☐ Aram

3. Wie heißt der See, in dem der Onkel Fische fängt?

☐ See Gennesaret
☐ See Galiläa
☐ See Jordan

4. Julius begrüßt mit Herzklopfen Benjamins Onkel. Was ruft der Onkel ihm zu?

(2 Antworten sind richtig)

☐ „Komm nur, ich habe schon von dir gehört!"
☐ „Benjamins Vater spricht freundlich von dir."
☐ „Römer dürfen mein Boot nicht betreten!"

5. Benjamin und Julius helfen bei der Arbeit. Welche Tätigkeiten übernehmen sie?

(2 Antworten sind richtig)

☐ Die beiden Jungen hängen die Fischernetze auf.
☐ Sie putzen das Boot.
☐ Sie sortieren Fische.

6. Der Onkel hat viele Fische gefangen. Was passiert mit dem Fang?

☐ Der Onkel schenkt den ganzen Fang Benjamins Familie
☐ Die besten Fische werden zunächst in die Stadt Magdala gebracht.
☐ Die Fische werden direkt nach Rom geliefert.

7. Wo kaufen die Jungen einen Teller?

☐ im Kaufhaus
☐ beim Töpfer
☐ auf dem Markt

8. Benjamin ist traurig. Warum sieht er unglücklich aus?

(2 Antworten sind richtig)

☐ Benjamin hat einen Teller zerbrochen.
☐ Benjamin hat Streit mit seiner Schwester.
☐ Benjamins Mutter hat mit ihm geschimpft.

9. Warum kann Benjamin den Teller, den der Töpfer jetzt formt, nicht sofort mitnehmen?

☐ Der Teller muss erst einige Tage trocknen und im Ofen gebrannt werden.
☐ Der Töpfer Ephraim hat nicht genügend Teller.
☐ Ephraim will einem „Römerfreund" keinen Teller verkaufen.

10. Im Haus des Töpfers sehen die Jungen wie

☐ der Töpfer auf einem Tisch aus einem Klumpen Ton einen Krug formt.
☐ der Töpfer eine Drehscheibe anstößt und dabei automatisch ein Tongefäß entsteht.
☐ der Töpfer die Drehscheibe gleichmäßig in Schwung bringt und beim Drehen mit seinen Händen den Ton formt.

11. Benjamin besucht mit Julius seinen alten Freund. Wie heißt er?

____

12. Welche Aufgabe hat Jakob auf dem Hügel vor dem Stadttor?

☐ Jakob hütet tagsüber eine Herde Schafe.
☐ Er passt Tag und Nacht auf die Schafherde auf und schläft bei den Tieren.
☐ Er melkt dort eine Ziegenherde.

13. Vor welchem gefährlichen Raubtier hat Jakob seine Herde beschützt?

____

14. Sieh dir das Bild genau an. Welche Dinge benötigt Jakob für den Schutz seiner Tiere?

(3 Antworten sind richtig)

- ☐ Hirtenstab
- ☐ Schleuder
- ☐ Keule
- ☐ Flöte
- ☐ Mauer

15. Von wem hat Jakob bei seiner Arbeit Hilfe?

____

16. Wie vertreibt sich Jakob die Zeit, damit ihm nicht langweilig wird.

____

17. Julius möchte wissen, warum viele Leute Hirten nicht mögen. Erkläre es ihm.

____

____

____

18. Julius lernt die Mitglieder von Benjamins Familie und einige seiner Freunde kennen. Dabei ist Julius immer zurückhaltend, ängstlich und vorsichtig oder er bekommt Herzklopfen. Warum ist das deiner Meinung nach so?

____

____

____

____

19. Welche Erfahrungen macht Julius bei seinen Begegnungen mit den jüdischen Menschen in Benjamins Alltag?

____

____

____

____

20. Kannst du dir vorstellen, dass die Freundschaft der beiden Jungen etwas an der Situation zwischen den Juden und Römern verändern könnte? Begründe deine Meinung.

____

____

____

____

____

Benjamin & Julius

Teil 4 Seite 38–51

Wortsuchsel

Suche die Wörter und male die Felder farbig an.

1. Benjamin ist ein Teller heruntergefallen, deshalb geht er mit Julius zum …
2. Wie heißt der Töpfer?
3. Den Namen für das Material, aus dem Teller und Töpfe hergestellt werden.
4. Ephraim formt und knetet den Ton auf einer …
5. Worin wird das Geschirr gebrannt, damit es sich beim Abwasch nicht wieder in Tonerde auflöst?
6. Benjamin und Julius schauen den Ofen aus … und Lehm an.
7. Das Feuer im Ofen wird mit einem … ordentlich angefacht.
8. Den Namen von Benjamins Onkel.
9. Den Beruf von Benjamins Onkel.
10. Dort werden die Fische gefangen …
11. Die Fischer fischen mit …
12. Benjamin und Julius helfen dem Onkel und legen die Fische in …
13. Damit werden kleinere Fische haltbar gemacht.
14. Die Fischkisten werden in andere Städte transportiert, auch bis nach …
15. Darüber freut Julius sich, denn dort lebt seine …
16. Benjamin und Julius besuchen den alten Jakob. Sein Beruf ist …
17. Er lebt bei der Schafherde vor dem …
18. Jakob trägt einen langen Mantel und besitzt einen Stab, eine Keule, eine Ledertasche und eine …
19. Mit Schleuder und Keule schützt er die Schafe vor …
20. Die Hirten übernachten bei den Tieren auf dem Boden in ihrem …
21. Jakob schenkt Julilus seine Hirtenflöte aus …
22. Die Hirten sind nicht sehr beliebt, obwohl König David und … auch Hirten waren.

Z	A	a	r	o	n	M	q	U	v	f	h	Y	F	D	Z	m
G	r	o	ß	m	u	t	t	e	r	q	l	T	i	S	i	S
z	w	S	K	f	Y	I	G	w	Q	l	C	ö	s	c	e	e
S	c	h	i	l	f	r	o	h	r	V	d	p	c	h	g	e
w	y	G	M	f	M	a	n	t	e	l	v	f	h	l	e	G
D	r	e	h	s	c	h	e	i	b	e	B	e	e	e	l	e
R	a	u	b	t	i	e	r	e	n	n	k	r	r	u	s	n
P	z	m	s	h	g	X	B	V	d	r	Q	V	v	d	t	n
p	j	U	v	m	q	m	f	o	M	w	O	t	w	e	e	e
K	k	v	D	N	e	t	z	e	n	b	q	y	R	r	i	s
i	l	n	q	L	E	p	h	r	a	i	m	M	o	X	n	a
s	M	T	T	o	n	B	C	G	N	z	b	R	m	H	H	r
t	o	y	L	B	l	a	s	e	b	a	l	g	H	i	l	e
e	s	o	B	x	S	t	a	d	t	t	o	r	q	r	f	t
n	e	B	i	D	C	V	L	d	X	l	n	Z	Z	t	F	N
U	p	S	a	l	z	I	V	f	m	X	G	z	O	e	Q	O
U	U	x	N	k	B	r	e	n	n	o	f	e	n	S	z	H

Benjamin & Julius

Teil 4 Seite 38–51

Lückentext: Am Brunnen

Es ist ein heißer ________. Die Luft flimmert in der ____________________ über dem See und den Gassen.

Julius ist auf dem Weg zu seinem ______________ Benjamin. Die Straßen sind ___________________ und alle Tiere suchen sich einen Platz im ______________. Julius ______________ ist ganz ausgetrocknet. Er freut sich auf einen Schluck erfrischendes ______________. Endlich kommt er in Benjamins ____________ an.

Er begrüßt Julius Mutter und sagt: „Puh, so eine __________! Ich könnte einen ganzen ______________ leer trinken." Aber Benjamins ______________ antwortet: „Leider muss ich dich enttäuschen! Unser ____________________________ ist leer."

In Benjamins Haus gibt es eine Zisterne, die mit ___________________________ gefüllt ist. Aber dieses Wasser ist nur für die _____________. Für Menschen ist es nicht gesund. Einen Brunnen mit _________________________ für die Menschen gibt es im Haus nicht.

Eigentlich ist es die Aufgabe der ______________ und ______________ Wasser aus dem Brunnen zu holen. Heute übernehmen diese Aufgabe ___________________________ Benjamin und Julius.

Benjamin setzt sich den großen Wasserkrug auf den ____________ und macht sich mit Julius auf den Weg.

Am Brunnen herrscht wegen der _____________ des Tages Hochbetrieb. Die vielen Frauen und Mädchen, die dort Wasser holen, wundern sich über die Buben. Sie tuscheln und kichern über die beiden Jungen, die eine ____________________________ erledigen. Benjamin bekommt ____________ Ohren . Ihn ______________ das Gekicher der anderen.

Lösungswörter: Mutter • Wasser • Mädchen • Frauen • Brunnen • Wasserschlauch • Freund • Frauenarbeit • Tiere • Trinkwasser • ärgert • Hitze • menschenleer • Haus • Kopf • Sonne • Tag • Regenwasser • rote • Schatten • Mund • ausnahmsweise • Hitze

Benjamin & Julius

Teil 5 Seite 51–56

Weißt du Bescheid?

1. Benjamin erzählt Julius vom Schabbat. Wann fängt der Schabbat an?

☐ bei Sonnenaufgang
☐ bei Sonnenuntergang
☐ beim gemeinsamen Essen

2. Was darf Benjamin am Schabbat nicht tun?

☐ singen
☐ Geschichten hören
☐ ausschlafen
☐ eine Wanderung machen

3. Benjamin erklärt Julius, wann er in die Synagoge geht. Welche Aussage stimmt nicht?

☐ zum Film schauen
☐ zum Lernen
☐ zum Beten

4. Julius darf durch das Fenster in die Synagoge schauen. Was sieht er da?

(2 Antworten sind richtig)

☐ Mädchen und Jungen
☐ eine große Schriftrolle
☐ Lederriemen mit Kästchen

5. Benjamin hat aus der Tora gelesen, der heiligen Schrift. Welches Hilfsmittel hat er dazu benutzt, damit er nicht in den Zeilen verrutscht?

☐ Finger
☐ Zeigestab
☐ Lineal

Benjamin & Julius

Teil 5 Seite 51–56

Wortsuchsel

Suche die Wörter und male die Felder farbig an.

Q	C	F	y	q	M	k	x	n	N	g	W	d	F	G
K	V	S	c	h	r	i	f	t	r	o	l	l	e	p
L	H	y	v	w	S	a	b	b	a	t	U	B	h	u
s	A	n	P	M	q	U	v	T	K	Y	D	m	q	l
z	f	a	t	K	f	Y	l	y	w	Q	l	C	V	d
w	y	g	G	S	f	v	K	i	p	p	a	B	n	F
P	z	o	m	s	h	g	b	B	V	d	q	Q	g	v
p	j	g	U	G	m	q	m	f	o	M	w	o	t	w
k	v	e	D	b	q	y	l	n	q	L	U	X	V	B
C	G	N	z	b	R	H	y	L	H	l	o	B	x	q
f	B	i	D	C	V	L	d	X	l	n	Z	Z	D	F
N	U	p	l	V	f	B	R	a	b	b	i	X	a	G
z	O	Q	O	U	U	T	o	r	a	x	v	k	v	E
z	S	c	h	a	b	b	a	t	H	G	Q	K	i	X
M	v	k	U	Z	S	l	j	Y	x	M	p	j	d	D

Diese Wörter findest du im Suchsel:

Synagoge, Sabbat, Schabbat, Kippa, David, Tora, Rabbi, Schriftrolle

Benjamin & Julius

Teil 5 Seite 51–56

Lückentext: Schalom Schabbat

Für Juden ist noch heute der __________ Tag der Woche der Ruhetag. Juden erinnern sich damit an die Geschichte von der ______________ : Gott ruhte am siebten Tag und __________ sich über alles, was er geschaffen hatte. An diesem Tag __________ die Juden den Ruhetag und freuen sich mit über Gottes gute Schöpfung.
Der Feiertag heißt auf hebräisch _____________ , das lateinische Wort dafür ist __________ . Auch Benjamin und die Menschen in _________________ feiern den Schabbat. An diesem _______ gehen die Männer und Jungen in die ______________ .
Der _________ leitet den Gottesdienst. Dort wird aus der Schriftrolle vorgelesen.
Zum Gebet legen die Männer sich die _____________________ an. Alle tragen eine Kappe. Das hebräische Wort dafür ist Kippa.

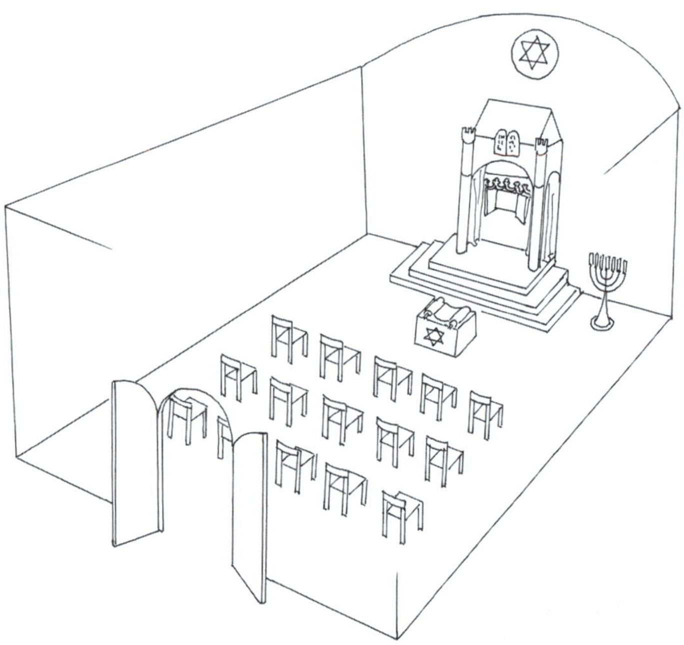

Nach dem ________________ sind die Menschen in den Familien zusammen. Sie feiern _____________ und genießen den Ruhetag.

Lösungswörter: Synagoge • gemeinsam • Schabbat • Sabbat • feiern • Schöpfung • Tag • Kafarnaum • Rabbi • siebte • Gebetsriemen • freute • Gottesdienst

Benjamin & Julius

Teil 5 Seite 51–56

Weißt du Bescheid?

1. Benjamin erzählt Julius vom Schabbat. Wann fängt der Schabbat an?

☐ bei Sonnenaufgang
☐ bei Sonnenuntergang
☐ beim gemeinsamen Essen

2. Was darf Benjamin am Schabbat nicht tun?

☐ singen
☐ Geschichten hören
☐ ausschlafen
☐ eine Wanderung machen

**3. Benjamin erklärt Julius, wann er in die Synagoge geht.
Welche Aussage stimmt nicht?**

☐ zum Film schauen
☐ zum Lernen
☐ zum Beten

4. Julius darf durch das Fenster in die Synagoge schauen. Was sieht er da?

(2 Antworten sind richtig)

☐ Mädchen und Jungen
☐ eine große Schriftrolle
☐ Lederriemen mit Kästchen

5. Benjamin hat aus der Tora gelesen, der heiligen Schrift. Welches Hilfsmittel hat er dazu benutzt, damit er nicht in den Zeilen verrutscht?

☐ Finger
☐ Zeigestab
☐ Lineal

6. Am Schabbat erzählt Benjamins Großvater Geschichten vom Volk Israel. Auch von einem König handeln diese Geschichten und auch Lieder, die gesungen werden. Welcher König ist es?

☐ König Herodes
☐ König David
☐ König Salomo

7. Gehen die beiden Schwestern von Benjamin auch in die Synagoge zum Unterricht?

☐ Ja, aber zu anderen Zeiten
☐ Nein, sie lernen nicht zu lesen zu schreiben
☐ Nein, sie werden zuhause unterrichtet

8. Wie ist der Zeigestab, mit dem Benjamin in der Tora gelesen hat, geformt?

☐ als Hand
☐ als Pfeil
☐ als Schlange

9. Wann wickeln sich jüdische Jungen und Männer die Gebetsriemen um den linken Arm?

☐ vor dem Abendessen
☐ beim Singen
☐ beim Beten

Benjamin & Julius

Teil 5 Seite 51–56

Wortsuchsel

Suche die Wörter und male die Felder farbig an.

1. Gebetshaus der Juden
2. Jüdischer Ruhetag
3. Jüdischer Ruhetag (hebräisch)
4. Kopfbedeckung der Männer in der Synagoge
5. Berühmter König aus Israel
6. Heilige Schrift der Juden
7. Lehrer in der Synagoge
8. Aus dieser Rolle wird die heilige Schrift im Gottesdienst vorgelesen

Q	C	F	y	q	M	k	x	n	N	g	W	d	F	G
K	V	S	c	h	r	i	f	t	r	o	l	l	e	p
L	H	y	v	w	S	a	b	b	a	t	U	B	h	u
s	A	n	P	M	q	U	v	T	K	Y	D	m	q	l
z	f	a	t	K	f	Y	l	y	w	Q	I	C	V	d
w	y	g	G	S	f	v	K	i	p	p	a	B	n	F
P	z	o	m	s	h	g	b	B	V	d	q	Q	g	v
p	j	g	U	G	m	q	m	f	o	M	w	o	t	w
k	v	e	D	b	q	y	l	n	q	L	U	X	V	B
C	G	N	z	b	R	H	y	L	H	l	o	B	x	q
f	B	i	D	C	V	L	d	X	l	n	Z	Z	D	F
N	U	p	l	V	f	B	R	a	b	b	i	X	a	G
z	O	Q	O	U	U	T	o	r	a	x	v	k	v	E
z	S	c	h	a	b	b	a	t	H	G	Q	K	i	X
M	v	k	U	Z	S	l	j	Y	x	M	p	j	d	D

Benjamin & Julius

Teil 5 Seite 51–56

Lückentext: Schalom Schabbat

Für Juden ist noch heute der ___________ Tag der Woche der Ruhetag. Juden erinnern sich damit an die Geschichte von der _______________ : Gott ruhte am siebten Tag und ___________ sich über alles, was er geschaffen hatte. An diesem Tag ___________ die Juden den Ruhetag und freuen sich mit über Gottes gute Schöpfung.

Der Feiertag heißt hebräisch ______________ , das lateinische Wort dafür ist ___________ . Auch Benjamin und die Menschen in ___________________ feiern den Schabbat. An diesem ________ gehen die Männer und Jungen in die _______________ .

Der __________ leitet den Gottesdienst. Dort wird aus der Schriftrolle vorgelesen.

Zum Gebet legen die Männer sich die _________________________ an. Alle tragen eine _________ . Das hebräische Wort dafür ist ___________ .

Nach dem ______________________ sind die Menschen in den Familien zusammen.

Sie feiern _________________ und genießen den Ruhetag.

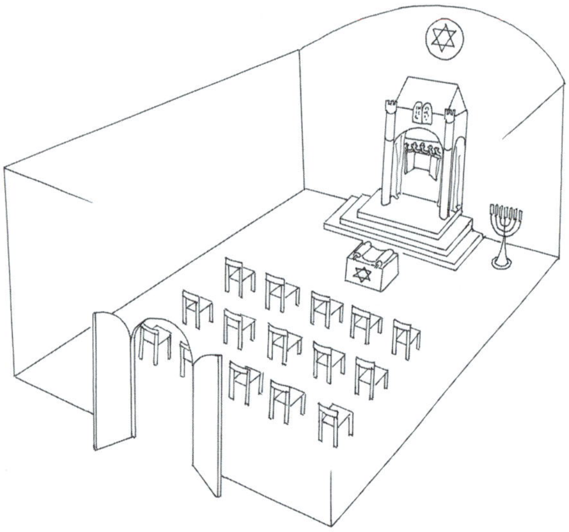

Die Jungen lernen das Vorlesen aus der Schriftrolle. Sie müssen in der _______________ auch viele Geschichten und Regeln aus ihren heiligen Schriften lernen. Die ____________ , die sie zum Gebet um den linken _______ binden, sollen ihnen helfen, dass sie immer an ________ denken.

Lösungswörter: Synagoge • gemeinsam • Schabbat • Sabbat • feiern • Schöpfung • Tag • Kafarnaum • Rabbi • siebte • Gebetsriemen • freute • Kappe • Gottesdienst • Riemen • Synagoge • Gott • Arm • Kippa

Benjamin & Julius

Teil 6 Seite 57–76

Nicht allen geht es gut in Kafarnaum

Schreibe auf, was Benjamin über den Umgang mit den Kranken erzählt.

Benjamin & Julius

Teil 6 Seite 57–76

Nicht allen geht es gut in Kafarnaum

Der blinde Barjona, den Benjamin und Julius in der Nähe der Synagoge sitzen sehen, murmelt etwas von einem Messias.
Julius fragt: „Wer ist eigentlich dieser Messias?“

Welche Antworten bekommt Julius? Schreibe auf.

Benjamin & Julius

Teil 6 Seite 57–76

Jeschua kommt / Die große Neuigkeit

Du hast viel über Kranke und den kranken Barjona zur Zeit Jesu gehört. Du warst sicher auch schon einmal krank oder hast dich verletzt.
Wie hast du dich gefühlt?
Was und wer hat dir geholfen?
Was hat dein Vater oder deine Mutter gemacht?

Schreibe in Stichpunkten auf:

____

____

____

____

____

____

____

____

Frage deine Eltern, was sie machen, wenn es dir nicht gut geht.

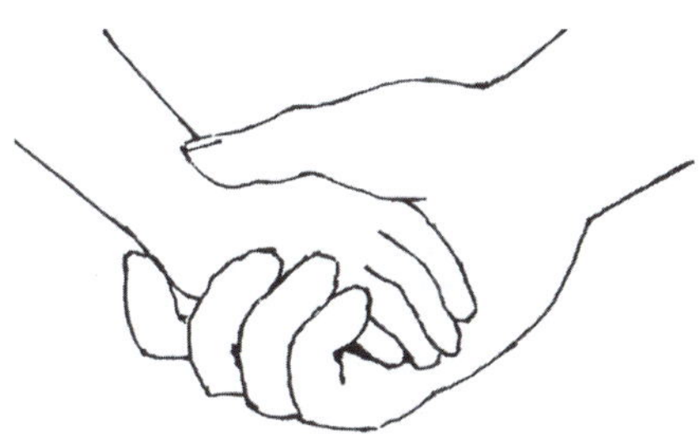

Benjamin & Julius

Teil 6 Seite 57–76

Jeschua kommt / Die große Neuigkeit

Schreibe auf was passiert, als Jeschua in die Stadt kommt und Barjona ruft: „Jeschua, Messias, hilf mir doch, hab Erbarmen mit mir." Lies nach auf Seite 66 und Seite 68.

1. Jeschua geht auf Barjona zu.
2.
3.
4.
5.
6.
7.

Machen deine Eltern auch etwas, was Jeschua bei Barjona macht, wenn du krank bist? Wenn ja, was?

Benjamin & Julius

Teil 6 Seite 57–76

Jeschua kommt / Die große Neuigkeit

Mirijam sagt: „Es könnte doch sein, dass es für Barjona sehr wichtig war, dass Jeschua mit ihm gesprochen hat und ihn in den Arm genommen hat. Barjona hat doch sonst keinen Menschen, der mit ihm redet. Die Herzlichkeit, die er heute erlebt hat, könnte ihn gesund gemacht haben!" (Seite 72/74)

Was meinst du?
Könnte Barjona durch die Zuwendung von Jeschua gesund geworden sein? Begründe deine Meinung.

Barjona könnte durch die Zuwendung ____________________

____

weil ____________________________________

____

____

____

Benjamin & Julius

Teil 6 Seite 57–76

Jeschua kommt

Jeschua kommt. Alle im Dorf sind auf den Beinen. Die Menschen begrüßen den Messias. Sie schwenken Zweige und rufen : „Hosianna!" Der Trompeter spielt dabei. In diesem Trubel hört man die Stimme von Barjona.
Barjona ruft:

Jeschua, Messias, hilf mir doch!
Hab Erbarmen mit mir!
Du kannst mir helfen.
Das weiß ich ganz sicher!

Jeschua setzt sich zu Barjona und legt den Arm um ihn.

1. Lies dir die Wörtersammlung durch.
2. Welche Wörter passen zu Jeschuas Verhalten?
Kreise 6 Wörter ein, die du besonders wichtig und sinnvoll findest.

hinhören zuhören finden ansprechen achten
erhören spüren ernst nehmen
anblicken bemerken
beachten wahrnehmen
liebhaben
horchen bewachen
annehmen
umarmen anschauen
begreifen aufpassen

ansehen
entdecken anhören helfen
halten
achthaben erfassen erkennen sich kümmern

Benjamin & Julius

Teil 6 Seite 57–76

Info Jesus

Jeschua ist der Name für Jesus, wie er in der Bibel steht. Es ist der Name von Jesus in hebräisch-aramäischer Sprache. Dies ist die Sprache der Menschen, die zur Zeit von Jesus gelebt haben.
Diese Sprache wird rückwärts, also von rechts nach links aufgeschrieben. Außerdem fehlen die Vokale in der Schrift. Die Buchstaben: a, e, i, o, u werden nicht geschrieben. An ihrer Stelle setzt man Punkte. Die Schrift dieser Sprache sah anders aus als unsere.

Hier kannst du hebräische Buchstaben sehen. Schreibe deinen Namen mit hebräischen Buchstaben. Schreibe für jeden Vokal einen Punkt.

Das hebräische Alphabet

Name	am Wort-ende	Grund-form	Name	am Wort-ende	Grund-form
Aleph		א	Mem	ם	מ
Bet		ב	Nun	ן	נ
Gimel		ג	Samech		ס
Dalet		ד	Ajin		ע
He		ה	Pe	ף	פ
Waw		ו	Zade	ץ	צ
Sajin		ז	Koph		ק
Chet		ח	Resch		ר
Tet		ט	Schin, Sin		ש
Jod		י	Taw		ת
Kaph	ך	כ	Vokale werden als Punkte und Striche unter die Buchstaben gesetzt.		
Lamed		ל			

Benjamin & Julius

Teil 6 Seite 57–76

Ist Jesus der Messias?

Wer ist dieser Jesus? Eine große Frage. Eine Frage, auf die es keine einfache Antwort gibt und die sich viele große und kleine Leute stellen.
Die Evangelien haben die ersten Christen aus ihrem Glauben an Jesus, den Auferstandenen, aufgeschrieben. Hier erfahren wir: mit Jesus beginnt das Neue, Gottes Liebe will sich bei den Menschen durchsetzen.

Wer ist Jesus für dich?
Schreibe einige Gedanken auf. Du kannst die Satzanfänge verwenden.

Jesus ist ______________________________

____

____

Das Besondere an Jesus ist ______________________________

____

____

Jesus ist mehr als ein Mensch, weil ______________________________

____

Jesus ist Mensch, weil ______________________________

____

http://www.

Möchtest du mehr darüber erfahren, was Christen glauben?
Informationen über das Christentum findest du hier:

https://www.religionen-entdecken.de/lexikon/g/glauben-im-christentum

https://klexikon.zum.de/wiki/Christentum [siehe rechts oben]

https://www.geo.de/geolino/wissen/14218-thma-christentum [siehe rechts]

Positive Psychotherapie